Von Januar bis Dezember, von Frühling bis Winter, vom Valentinstag bis zum Neujahrsfest – in diesem Buch finden Sie viele neue Perlentiere und Figuren, die Sie zu jeder Gelegenheit im Jahr fädeln können. Die Figuren werden alle mit Nylonfaden in japanischer Fädeltechnik gefertigt und sind dadurch sehr stabil. Sie eignen sich deshalb hervorragend als Anhänger und zum Dekorieren. Verschenken Sie doch mal ein kleines Osternest oder schmücken Sie Ihr Handy zum Karneval mit einem witzigen Clown. Basteln Sie sich Ohrringe aus schillernden Fischen für den Sommer und machen Sie Ihre Wohnung an Halloween mit kleinen Spinnen und Gespenstern ein bisschen gruseliger.

Für Anfänger gibt es eine Schritt-für-Schritt-Anleitung für einen Schneemann, anhand derer die Technik erlernt werden kann. Aber auch für Fortgeschrittene habe ich einige nützliche Tipps zusammengestellt.

Tauchen Sie ein in die Welt der Mini-Perlentiere! Sie werden sehen – wenn Sie einmal mit dem Fädeln begonnen haben, können Sie nicht mehr aufhören.

Ihre

Christiane Brüning

Der Frühling naht!

Biene, Marienkäfer und Tausendfüßler

MOTIVHÖHE
Marienkäfer und Biene ca. 3 cm
Tausendfüßler ca. 5,5 cm lang

MATERIAL
MARIENKÄFER

* Rocailles, Arktis, in Grau mit Silbereinzug, ø 2,6 mm

* Rocailles in Schwarz und Weinrot opak, ø 2,6 mm

* Nylonfaden, 120 cm und 2 x 30 cm lang

* Messingdraht, 40 cm und 2 x 30 cm lang

BIENE

* Rocailles in Gelb opak gelüstert, ø 2,6 mm

* Rocailles in Schwarz und Weinrot opak, ø 2,6 mm

* Rocailles in Transparent, ø 2,6 mm

* Nylonfaden, 120 cm und 2 x 30 cm lang

* Messingdraht, 40 cm und 2 x 30 cm lang

TAUSENDFÜSSLER

* Rocailles in Gelb, Orange, Rot, Dunkelrot, Violett, Blau, Hellblau, Dunkelgrün und Grün transparent, ø 2,6 mm

* Rocailles in Schwarz opak, ø 2,6 mm

* Nylonfaden, 140 cm und 60 cm lang

FÄDELSKIZZEN
Skizzenheft Seite 1–4

Biene und Marienkäfer

1 Fädeln Sie Perle N mittig auf den Faden und fertigen dann zwei Perlenstäbe links und rechts davon. Nun den Kreis (1) aus gelben Perlen anfertigen.

2 Der Kopf wird anhand der Skizze von Schritt (2) bis (31) gearbeitet.

3 An den Perlen A bis E wird der Körper angebracht, welcher aus Schritt (33) bis (62) besteht. Nach Schritt (62) mit dem roten Faden noch einmal durch die Perlen H bis M fahren und die zwei Fäden verknoten.

4 Ziehen Sie einen 30 cm langen Draht mittig durch die Perle G und fertigen Sie auf beiden Drahtenden die Arme als Perlenstäbe.

5 Für die Beine fädeln Sie einen Perlenstab auf ein Ende des 40 cm langen Drahtes. Mit dem anderen Ende durch die auf der Skizze markierten Perlen fahren und einen weiteren Perlenstab fertigen. Folgen Sie so der Skizze und fügen zwei weitere Perlenstäbe ein. Die Drähte zum Schluss verdrillen und abschneiden.

6 Die Flügel werden nicht direkt am Körper gearbeitet, sondern zunächst separat mit Nylonfaden anhand der Skizze gefertigt. Nach Schritt (8) fahren Sie mit den Fadenenden durch die äußeren Perlen zurück und fügen dabei jeweils neue Perlen ein.

7 Wenn beide Fäden wieder am Ausgangspunkt sind, ziehen Sie diese entgegengesetzt durch die rechte Perle F

des Körpers, um den Flügel an der Biene oder dem Marienkäfer zu befestigen. Dann die Fäden zusammenführen, verknoten und abschneiden.

8 Der linke Flügel wird spiegelverkehrt zum rechten gearbeitet und an der linken Perle F angebracht.

Tausendfüßler

1 Beginnen Sie mit dem hinteren Körperglied des Tausendfüßlers, dass Sie als Kugel anhand der Skizze fertigen.

2–9 Die weiteren Glieder werden ebenfalls als Kugeln gefertigt und aneinandergefügt. Achten Sie dabei immer genau darauf, wo die jeweilige neue Kugel ansetzt. Dies ist durch die Buchstaben exakt gekennzeichnet.

10 Als nächstes ist der Kopf dran. Auch dieser wird als Kugel in derselben Größe wie die der Körperglieder gearbeitet. Fügen Sie diesmal in der letzten Runde die Hörner als Perlenstäbe hinzu.

11 Für die Nase die Fäden wie in der Skizze gezeigt durch die Kopfperlen führen und eine gelbe Perle einfügen. Führen Sie dann die Fäden zum Verknoten zusammen.

12 Mit einem neuen Faden werden an der Unterseite die Beine als Perlenstäbe eingefügt. Heben Sie, falls nötig, die Perlen des Körpers mit einer Nadel an, um den Faden durchzuführen.

13 Nun wird nur noch der kleine Schwanz aufgefädelt. Fäden zusammenführen und verknoten. Schon kann der kleine Tausendfüßler loskrabbeln!

Schenken mit Liebe

Grüße zum Valentinstag

MOTIVHÖHE
Großes Geschenk ca. 2 cm
Kleines Geschenk ca. 1,5 cm
Herz ca. ø 1,5 cm

MATERIAL
GROSSES GESCHENK
* Rocailles in Pink und Rosa
  mit Farbeinzug, ø 2,6 mm
* Nylonfaden, 140 cm lang

KLEINES GESCHENK
* Rocailles in Rosa und Pink
  mit Farbeinzug, ø 2,6 mm
* Rocailles in Weiß opak
  gelüstert, ø 2,6 mm
* Nylonfaden, 100 cm und
  30 cm lang

HERZ
* Rocailles in Pink mit
  Farbeinzug, ø 2,6 mm
* Nylonfaden,
  3 x 40 cm lang

FÄDELSKIZZEN
Skizzenheft Seite 6+7

Großes Geschenk

1 Fertigen Sie zunächst ein flaches Quadrat aus den Schritten (1) bis (20). Die folgenden Schritte werden in Runden um diese Grundfläche angebracht, sodass die Seitenwände des Päckchens entstehen.

2 An die Perlen A bis U wird jetzt die obere Fläche flach angebracht. Fäden zusammenführen und verknoten.

Kleines Geschenk

1 Fertigen Sie zunächst ein flaches Quadrat anhand der Schritte (1) bis (9). Die folgenden Schritte werden in Runden um diese Grundfläche angebracht, sodass die Seitenwände des Päckchens entstehen.

2 An die Perlen A bis M wird jetzt die obere Fläche flach angebracht. Fäden zusammenführen und verknoten.

3 Mit einem neuen Faden bringen Sie an den Perlen N bis Q des Päckchens eine Rosette an, wie in der Skizze gezeigt. Nun noch die Fäden verknoten und fertig!

Herz

1 Für die Vorder- und Rückseite des Herzes fertigen Sie zweimal die in der Skizze gezeigte Fläche und verknoten zum Schluss die Fäden.

2 Nun legen Sie beide Flächen deckungsgleich übereinander. Auf einen neuen Faden eine Perle mittig aufziehen. Mit den beiden Fadenenden nun durch die beiden Perlen A der Vorder- und Rückseite fahren und die Fäden durch eine neue Perle kreuzen. Auf diese Weise einmal rund um das Herz neue Perlen anbringen. Zum Schluss die Fäden zusammenführen und verknoten.

Weiter geht es auf Seite 6.

Mein Tipp für Sie

Kreativ werden Das Päckchen kann natürlich in jeder beliebigen Höhe und Farbe gefertigt werden, zum Beispiel als flaches, buntes Paket mit nur zwei Reihen Höhe statt fünf. Probieren Sie aus, was Ihnen gefällt!

MATERIAL
TAUBE

* Rocailles in Weiß opak gelüstert, ø 2,6 mm
* Rocailles in Anthrazit transparent mit Silbereinzug, ø 2,6 mm
* Rocailles in Schwarz opak, ø 2,6 mm
* Nylonfaden, 100 cm und 2 x 40 cm lang

Taube

1 Fädeln Sie den Kopf der Taube anhand der Skizze. Vergessen Sie dabei nicht, an die Perle J nach Kreis (5) eine graue Perle als Schnabel anzubringen. Danach den Kopf bis Kreis (14) weiterfädeln.

2 An die Perlen A bis F wird der Körper angebracht. In Kreis (31) werden die Füße angefügt und an die äußeren Perlen der letzten Runde jeweils kleine Kreise für den Schwanz. Die Fäden zum Schluss zusammenführen und verknoten.

3 Ziehen Sie einen neuen Faden durch die Perle G der linken Körperseite und fädeln Sie den Flügel nach den Schritten (1) bis (8). Ein Faden wird dabei durch die Perle H der linken Körperseite und wieder zurück durch die letzte Perle des Flügels gezogen. Anschließend fügen Sie mit beiden Fadenenden an den Rändern der Flügel weitere Perlen ein, bis die Fäden wieder am Beginn des Flügels angekommen sind. Die Fäden verknoten.

4 Der rechte Flügel wird spiegelverkehrt zum linken gearbeitet und angebracht.

5 Um die Taube auf dem Paket zu befestigen, ziehen Sie ein Stück Nylonfaden durch die Perlen eines Fußes, bringen Sie es dann an den Eck-Perlen des Päckchens an und ziehen Sie es durch die Perlen des anderen Fußes. Verknoten.

Süßes zum Osterfest

Ei, Ei, Ei, wer kommt denn da?

MOTIVHÖHE
Hase ca. 3 cm

MATERIAL
HASE

* Rocailles in Weiß satiniert, ø 2,6 mm
* Rocailles in Rosa opak gelüstert mit Farbeinzug, ø 2,6 mm
* Rocailles in Schwarz opak, ø 2,6 mm
* Nylonfaden, 120 cm, 4 x 40 cm und 3 x 30 cm lang

FÄDELSKIZZEN
Skizzenheft Seite 4+5

Hase

1 Folgen Sie für alle Arbeitsschritte den jeweiligen Skizzen. Beginnen Sie mit dem Kopf, für den Sie eine Kugel anfertigen.

2 An die Perlen A bis E wird der Körper angebracht, den Sie anhand von Skizze 2 fertigen. Zum Schluss die Fäden verknoten.

3 Den Schwanz mit einem neuen Faden an die Perle J des Körpers anbringen.

4 Für die Arme ziehen Sie jeweils einen neuen Faden durch eine Perle H des Körpers und folgen der Skizze. Die beiden Kreise (2) und (3) liegen dabei hinter oder über der Perle H, damit die Arme nach außen abstehen.

5 An die Perle K bis N auf der rechten Seite des Körpers wird der rechte Hinterlauf angebracht. Achten Sie dabei ganz genau auf den in der Skizze gezeigten Fadenverlauf! Nach Schritt (5) werden an der Seite des Fußes einzelne Perlen eingefügt. Die Fäden anschließend zusammenführen und verknoten.

6 Der linke Fuß wird spiegelverkehrt zum rechten gearbeitet.

7 Nun fehlen dem Häschen noch die Ohren. Fahren Sie dazu mit einem neuen Faden durch die Perlen F und G des Kopfes und folgen Sie den Schritten (1) bis (4). Auf dem Rückweg werden in Schritt (5) bis (7) die weißen Perlen hinter den rosafarbenen eingefügt. Führen Sie den Faden nun wieder am Ohr entlang nach oben und fügen dabei die seitlichen Perlen ein. Fäden verknoten und der kleine Mümmelmann kann loshoppeln!

Bild und weitere Anleitungen auf Seite 8.

Mein Tipp für Sie

Osterdeko Natürlich können Sie den Osterhasen auch klassisch in Braun gestalten. Viele kleine Hasen sind ein origineller Schmuck für den Osterstrauß. Dazu einfach einen weiteren Nylonfaden durch die oberste Kopfperle fädeln, zu einer Schlaufe verknoten und die Hasen an den Strauß hängen.

Eier ca. 1,5 cm
Küken im Ei ca. 2 cm

MATERIAL
KÜKEN IM EI

* Rocailles in Gelb transparent,
  ø 2,6 mm

* Rocailles in Orange transparent,
  ø 2,6 mm

* Rocailles in Schwarz matt,
  ø 2,6 mm

* Rocailles in Weiß satiniert,
  ø 2,6 mm

* Nylonfaden, 70 cm und
  2 x 50 cm lang

FÄDELSKIZZEN
Skizzenheft Seite 5

OSTEREIER

* Rocailles in Ihren Wunsch-
  farben, ø 2,6 mm
  (Vorschläge siehe Skizzen)

* Nylonfaden, 60 cm lang

FÄDELSKIZZEN
Skizzenheft Seite 4

Küken im Ei

1 Fertigen Sie den Kopf des Kükens nach der Skizze und fügen Sie den Kreis (12) an die Perlen A und B an.

2 An den Perlen A bis E des Kopfes wird der Körper angebracht. Beachten Sie, dass die Flügel als Kreis (14) und (18) vor dem jeweiligen Körperkreis an die Perle E und C angebracht werden. Nach Kreis (24) die Fäden zusammenführen und verknoten.

3 Mit je einem neuen Faden werden nun die beiden Hälften des Eis gefertigt. Bei einer Hälfte die Fäden noch einmal durch alle äußeren Perlen führen und verknoten. In die andere Hälfte stecken Sie den Körper des Kükens. Mit einem Fadenende gehen Sie nun durch die Perlen F und G der anderen Eierhälfte, sodass sie über dem Kopf des Kükens sitzt. Dann wieder zurück durch die Perlen F und G der unteren Eierhälfte fädeln. Zum Schluss werden die Fäden noch einmal durch alle äußeren Perlen der unteren Eierschale geführt. Verknoten und fertig!

Ostereier

1 Für das gestreifte Ei folgen Sie der Skizze von Schritt (1) bis (22). Die Fäden noch einmal durch die äußeren Perlen der letzten Runde führen und verknoten.

2 Das gepunktete Ei wird nach der zweiten Skizze gefertigt. Natürlich können Sie auch einfarbige Eier entstehen lassen!

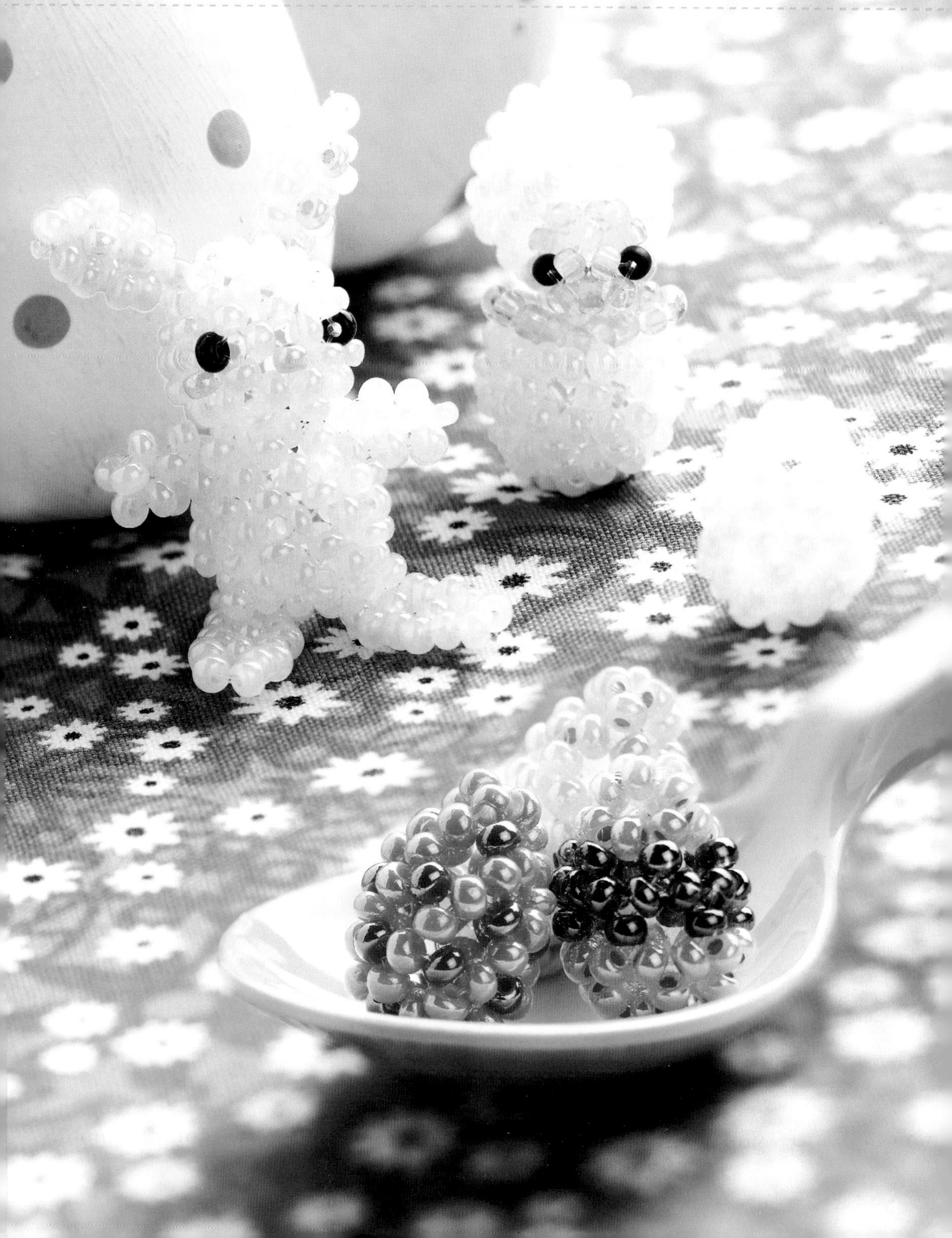

Harlekins in Feierlaune

Hauptsache bunt und fröhlich

MOTIVHÖHE
Harlekin ca. 3,5 cm
Bonbons ca. 1 bis 3 cm

MATERIAL
HARLEKIN (MIT
ROTEM HUT)
* Rocailles in Weiß,
  Rot, Orange, Gelb,
  Grün, Dunkelblau
  und Hellblau opak,
  ø 2,6 mm
* Rocailles in Schwarz
  matt, ø 2,6 mm
* Nylonfaden,
  120 cm, 70 cm und
  4 x 30 cm lang

GROSSES
BONBON
* Rocailles in Weiß,
  Gelb und Rot opak,
  ø 2,6 mm
* Nylonfaden,
  3 x 40 cm lang

MITTEL-
GROSSES
BONBON
* Rocailles in Rot
  und Gelb opak,
  ø 2,6 mm
* Nylonfaden,
  60 cm lang

KLEINES
BONBON
* Rocailles in Gelb
  und Grün opak,
  ø 2,6 mm
* Nylonfaden,
  60 cm lang

FÄDELSKIZZEN
Skizzenheft Seite 8+9

Harlekin

1 Den Kopf des Harlekins nach Schritt (1) bis (31) fädeln.

2 Fügen Sie den Körper an die Perlen A bis E an. Zum Schluss die Fäden noch einmal durch alle in der Skizze außen liegenden Perlen führen und verknoten.

3 Fertigen Sie den linken Arm mit einem neuen Faden an. Die Fäden dann durch die Perle F des Körpers führen, wie auf der Skizze gezeigt. Der Arm sollte nach vorn zeigen. Die Fäden zusammenführen und verknoten.

4 Der rechte Arm wird analog zum linken gearbeitet und an Perle K des Körpers angebracht.

5 Fixieren Sie je an den Perlen G, H und J (Kreise (49) und (56)) des Körpers mit einem neuen Faden ein Bein, dass Sie nach Skizze 5 arbeiten. Achten Sie darauf, dass die gelbe Spitze jeweils nach schräg außen zeigt!

6 Für den Hut fügen Sie die Kreise (1) bis (19) an die Perlen L bis U des Kopfes an. Folgen Sie dann der Fädelskizze bis zu Kreis (30).

7 Nun noch die Hutspitze an die Perlen V bis Y anfügen. Fäden verknoten.

Hinweis: Die anderen Harlekine mit den entsprechenden Farben auf die gleiche Weise anfertigen.

Großes Bonbon

1 Das Mittelteil des Bonbons wird als Kugel aus Kreis (1) bis (16) gefertigt. Fäden verknoten.

2 An beide Enden aus den weißen Perlen A bis E wird jeweils ein Seitenteil anhand der Skizze angefügt. Führen Sie die Fäden zusammen und verknoten Sie sie.

Mittelgroßes Bonbon

1 Fertigen Sie zuerst ein Seitenteil, indem Sie die Kreise (1) bis (5) aneinanderfügen. Die Fäden schauen zum Schluss aus der Perle D in der Mitte heraus.

2 An die inneren Perlen A bis E wird nun das Mittelteil angefügt. Nach Kreis (21) mit einem Faden noch einmal durch die Perlen K bis F fahren, sodass beide Fäden wieder aus Perle F herausschauen.

3 An die Perlen F bis K fügen Sie nun das zweite Seitenteil an. Fäden zusammenbringen und verknoten.

Kleines Bonbon

1 Zunächst wird ein Seitenteil gefertigt, indem Sie die Kreise (1) bis (5) aneinanderfügen. Die Fäden schauen zum Schluss aus der Perle D in der Mitte heraus.

2 An die inneren Perlen A bis E nun das Mittelteil anfügen.

3 An den Perlen F bis K wird zum Schluss das zweite Seitenteil angebracht. Fäden zusammenbringen und verknoten.

Mein Tipp für Sie

Farbenfrohe Bonbons Probieren Sie einmal aus, wie die Bonbons in verschiedenen Farben wirken! Auf Seite 5 finden Sie die Bonbons zum Beispiel in zarten Rosa-Tönen als Valentinstagsdekoration.

Kleine Glücksbringer

zur Geburt

MOTIVHÖHE
Babydrache ca. 2,5 cm
Schnuller ca. 1,5 cm

MATERIAL
BABYDRACHE
* Rocailles in Rosa
  opak gelüstert mit
  Farbeinzug (oder
  Blau opak gelüstert),
  ø 2,6 mm
* Rocailles in Weiß
  satiniert, ø 2,6 mm
* Rocailles in Schwarz
  opak, ø 2,6 mm
* Nylonfaden, 70 cm,
  2 x 50 cm, 2 x 40 cm
  und 4 x 35 cm lang

SCHNULLER
* Rocailles in Rosa mit
  Farbeinzug (oder
  Blau) und Weiß opak
  gelüstert, ø 2,6 mm
* Rocailles in Schwarz
  opak, ø 2,6 mm
* Nylonfaden, 45 cm
  und 50 cm lang

FÄDELSKIZZEN
Skizzenheft Seite 10+11

Babydrache

1 Der Kopf des Drachen wird nach den Schritten (1) bis (23) gefertigt. Nutzen Sie zur Anfertigung des blauen Drachen bitte die Skizze mit den blauen Perlen. Alle weiteren Schritte sind bei beiden Drachen identisch.

2 Drehen Sie den fertigen Kopf um und schließen Sie ihn ab, wie in Skizze 2 gezeigt.

3 Mit einem neuen Faden den Körper an die Perlen A sowie H bis M anbringen.

4 Wenn Sie den Körper fertig gefädelt haben, verschließen Sie die Unterseite, wie in Skizze 4 gezeigt. Stellen Sie hierzu den Drachen auf den Kopf. Zum Schluss die Fäden verknoten.

5 Beim nun folgenden Anfertigen der Beine ist es wichtig, dass Sie der Skizze exakt folgen! Das rechte Bein wird an die Perlen T, V, W und X der rechten Körperseite angebracht.

6 Das linke Bein wird spiegelverkehrt zum rechten gearbeitet und dabei an die Perlen Q, X, W und V angebracht.

7 Als nächstes sind die Arme an der Reihe. Für den linken Arm fädeln Sie zunächst mit einem neuen Faden Kreis (1) aus drei rosa Perlen. Ziehen Sie dann drei weiße Perlen auf und führen den anderen Faden durch alle drei Perlen gegengleich hindurch. Nun die Fäden wieder durch die rosa Perlen des ersten Kreises führen, sodass sie bei Kreis (3) herausschauen. Fädeln Sie dann

Kreis (3) und (4). Mit dem roten Faden durch die anliegenden Perlen fahren, sodass er zum Schluss in Richtung des Buchstaben J zeigt. Der blaue Faden wird zum Buchstaben Y geführt. Jetzt mit den Fäden von vorne durch die Perlen J und Y des Körpers fahren. Fäden zusammenbringen und verknoten.

8 Der rechte Arm wird spiegelverkehrt zum linken gefertigt und an die Perlen M und Y des Körpers angebracht.

9 Die Flügel fertigen Sie, ausgehend von Perle c des Körpers, flach nach den Schritten (1) bis (15) zweimal an.

10 Bringen Sie die erste Runde des Schwanzes an die Perlen a, b, O und N am Hinterteil des Drachen an.

11 Verlängern Sie den Schwanz, wie es die Skizze zeigt.

12 Damit der Schwanz spitz zuläuft, am Ende den Schritten (13) bis (18) folgen. Fäden zusammenführen und verknoten.

Schnuller

1 Den Sauger des Schnullers anhand der Skizze fertigen. Nach Schritt (16) führen Sie einen Faden durch die anliegende Perle und ziehen sechs schwarze Perlen auf. Die Fäden verknoten.

2 Mit einem neuen Faden bringen Sie den Schild an den Perlen A bis E an. Nach Schritt (16) werden mit den Fäden einzelne Perlen in die Lücken des äußeren Rings eingefügt. Verknoten Sie zum Schluss die Fäden.

Mein Tipp für Sie

Leichteres Arbeiten Beim Drachen kann es notwendig sein, sich die Perle c des Körpers mit einer Nadel etwas hervorzuheben, um die Flügel anbringen zu können. Mehr dazu finden Sie bei den Tipps in der vorderen Umschlagklappe!

Schillernde Fische

die machen Urlaubsstimmung!

MOTIVLÄNGE

Großer Fisch ca. 4 cm
Mittelgroßer Fisch ca. 3,5 cm
Kleiner Fisch ca. 2,5 cm

MATERIAL
GROSSER FISCH

* Rocailles, Arktis, in Weiß
  und Gelb, ø 2,6 mm

* Rocailles in Orange transparent, ø 2,6 mm

* Rocailles in Schwarz opak
  matt, ø 2,6 mm

* Nylonfaden, 100 cm und
  3 x 30 cm lang

MITTELGROSSER
FISCH

* Rocailles, Arktis, in Weiß
  und Hellblau, ø 2,6 mm

* Rocailles in Schwarz opak
  matt, ø 2,6 mm

* Rocailles in Dunkelblau
  transparent, ø 2,6 mm

* Nylonfaden, 100 cm und
  2 x 20 cm lang

KLEINER FISCH

* Rocailles, Arktis, in Weiß,
  und Hellgrün, ø 2,6 mm

* Rocailles in Schwarz opak
  matt, ø 2,6 mm

* Rocailles in Dunkelgrün
  transparent, ø 2,6 mm

* Nylonfaden, 90 cm lang

FÄDELSKIZZEN

Skizzenheft Seite 12+13

Großer Fisch

1 Fertigen Sie zunächst die rechte Körperseite anhand der Skizze an.

2 Ausgehend von Perle O wird nun die
andere Körperseite deckungsgleich angefügt. Die Randperlen werden dabei je-
doch nicht erneut aufgefädelt! Dadurch
wird der Fisch plastischer. Die Fäden zum
Schluss zusammenführen und verknoten.

3 Mit drei neuen Fäden die Flossen des
Fisches (Skizze 3) an die Randperlen anfügen.

Mittelgroßer Fisch

1 Die rechte Körperseite wird anhand
der Skizze angefertigt.

2 Die andere Körperseite fügen Sie,
ausgehend von Perle S, deckungsgleich
an. Für eine plastische Wirkung auch hier
die Randperlen nicht nochmals auffädeln!
Nach Schritt (72) die Schwanzflossen anfügen.

3 Die seitlichen Flossen (Skizze 3) werden zuletzt mit zwei neuen Fäden gearbeitet. Und schon kann der Fisch los-
schwimmen.

Kleiner Fisch

1 Für den Körper fädeln Sie zunächst
ein kleines Quadrat nach Schritt (1) bis
(16).

2 Beim kleinen Fisch werden die zweite
Körperhälfte und die Flossen mit einem
Faden gearbeitet (Skizze 2). Fügen Sie als
Erstes mit dem rot gezeichneten Faden
die untere Flosse an und fädeln Sie dann,
ausgehend von Perle N, die zweite Kör-
perseite des Fisches deckungsgleich. Die
Randperlen nicht neu aufziehen, so ent-
steht eine plastische Wirkung. Nach
Schritt (29) mit dem rot gekennzeichneten
Faden die obere Flosse fertigen. Dann
erst wird Schritt (31) ausgeführt.

3 Zum Schluss noch die Schwanzflosse
anfügen und die Fäden verknoten.

Der Kopf des Pinguins ist eine einfache Kugel, an die der Körper inklusive der kleinen Flügelchen angefügt wird.

Coole Mini-Pinguine

eiskalte Sommererfrischung

MOTIVHÖHE
ca. 2,3 cm

MATERIAL
PINGUIN

* Rocailles in Schwarz opak matt, ø 2,6 mm
* Rocailles, Arktis, in Gelb und Weiß, ø 2,6 mm
* Rocailles in Schwarz opak, ø 2,6 mm
* Nylonfaden, 130 cm lang

FÄDELSKIZZEN
Skizzenheft Seite 10

1 Beginnen Sie mit dem Kopf des Pinguins, den Sie als Kugel anhand der Schritte (1) bis (31) fädeln.

2 Fahren Sie noch einmal durch die Perlen A bis E des Kopfes, wie in Skizze 2 gezeigt, sodass Ihre Fäden aus der Perle C herausschauen. Folgen Sie nun den Schritten (33) bis (66) für den Körper. Vergessen Sie dabei nicht, nach den Schritten (41) und (47) an die Perlen F und G jeweils einen Flügel aus sieben Perlen anzubringen. Im Schritt (66) außerdem den kleinen Schwanz als Perlenstab fertigen.

Die Fäden zum Schluss noch einmal durch alle äußeren Perlen führen und verknoten.

> **Mein Tipp für Sie**
>
> **Farbenvielfalt** Rocailles gibt es inzwischen in vielen Farben und Farbnuancen. Gerade beim Pinguin bietet es sich an, verschiedene Farben für das Gefieder auszuprobieren: Von irisierendem Anthrazit über dunkles Saphirblau bis hin zu marmoriertem Grau – lassen Sie Ihrer Fantasie freien Lauf!

Der Frühling naht!
Seite 2

Biene
- ◯ Gelb opak gelüstert
- ⬤ Schwarz opak
- ⬤ Weinrot opak
- ◯ Transparent

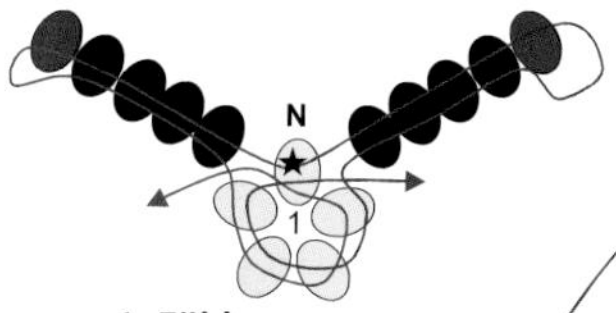

1: Fühler
Nylonfaden 120 cm

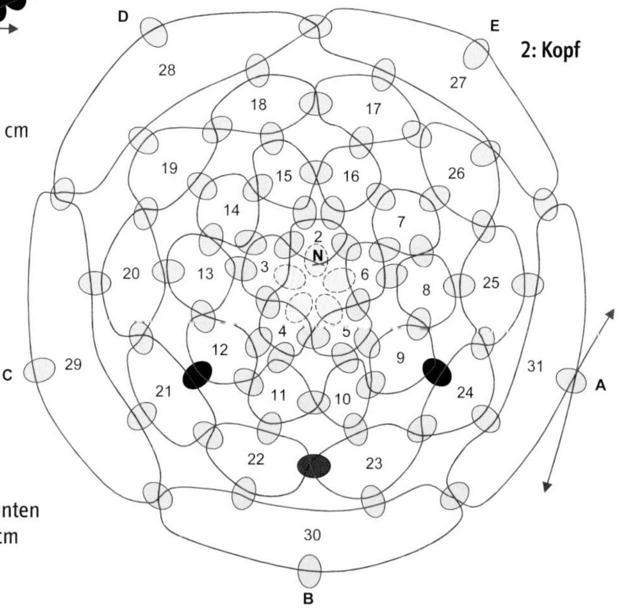

2: Kopf

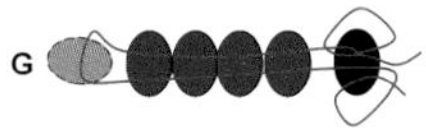

4: Arme
2 x Draht 30 cm

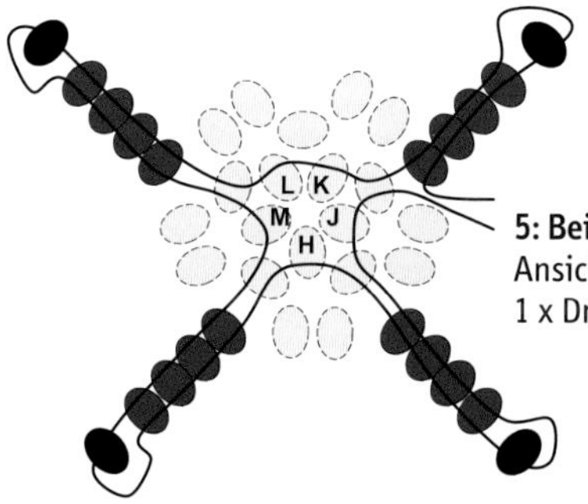

5: Beine
Ansicht von unten
1 x Draht 40 cm

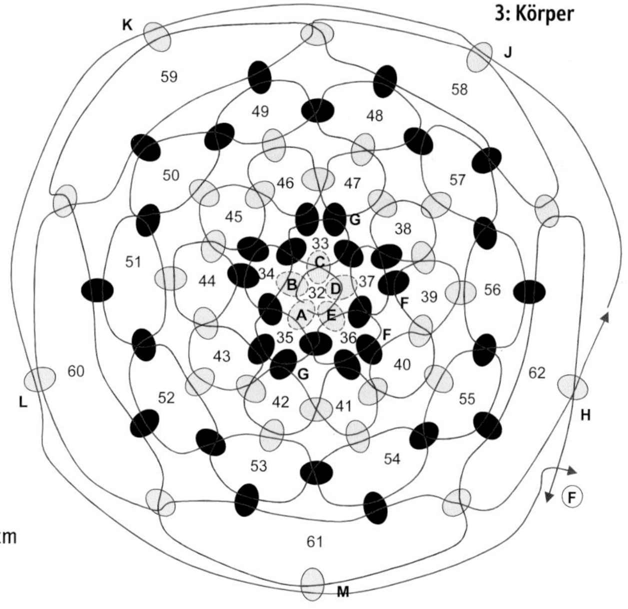

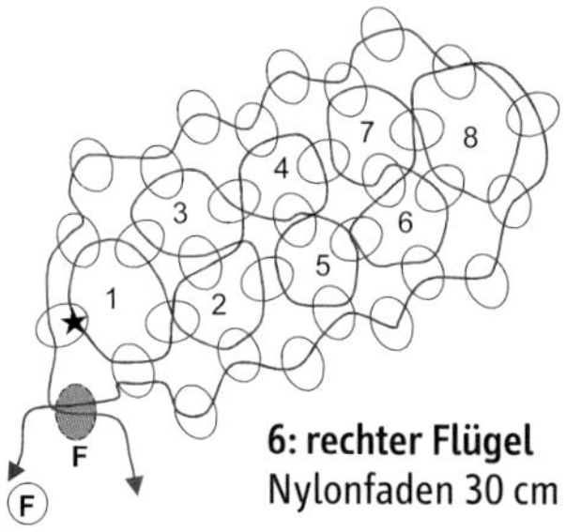

6: rechter Flügel
Nylonfaden 30 cm

3: Körper

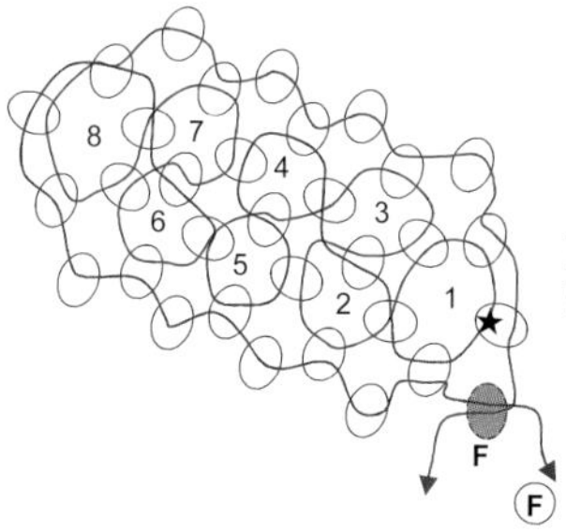

7: linker Flügel
Nylonfaden 30 cm

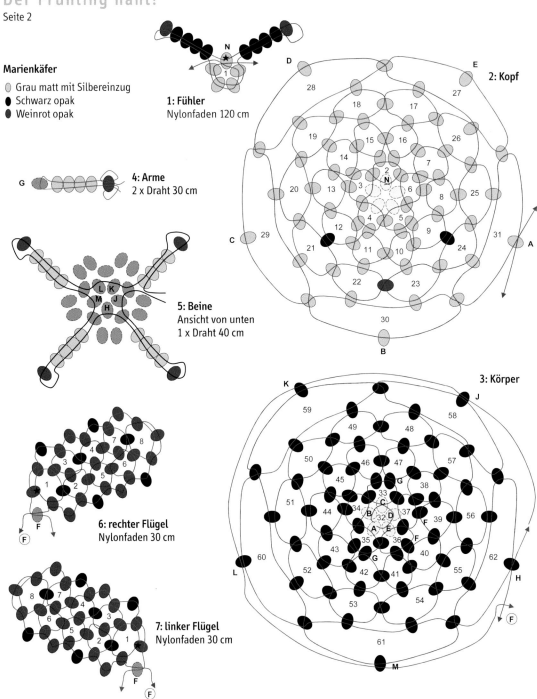

Marienkäfer

- Grau matt mit Silbereinzug
- Schwarz opak
- Weinrot opak

1: Fühler
Nylonfaden 120 cm

2: Kopf

4: Arme
2 x Draht 30 cm

5: Beine
Ansicht von unten
1 x Draht 40 cm

3: Körper

6: rechter Flügel
Nylonfaden 30 cm

7: linker Flügel
Nylonfaden 30 cm

Der Frühling naht!
Seite 2

Tausendfüßler

- ○ Gelb transparent
- ◑ Orange transparent
- ● Rot transparent
- ● Dunkelrot transparent
- ◐ Violett transparent
- ● Blau transparent
- ○ Hellblau transparent
- ● Dunkelgrün transparent
- ◐ Grün transparent
- ● Schwarz opak

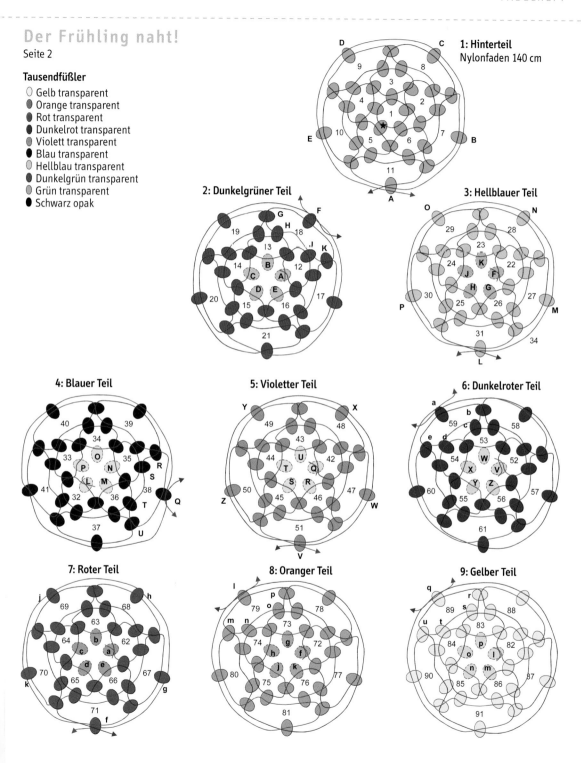

1: Hinterteil
Nylonfaden 140 cm

2: Dunkelgrüner Teil

3: Hellblauer Teil

4: Blauer Teil

5: Violetter Teil

6: Dunkelroter Teil

7: Roter Teil

8: Oranger Teil

9: Gelber Teil

**Fortsetzung
Tausendfüßler**

11: Nase

10: Kopf

13: Schwanz
Ansicht von hinten

12: Beine
Nylonfaden 60 cm

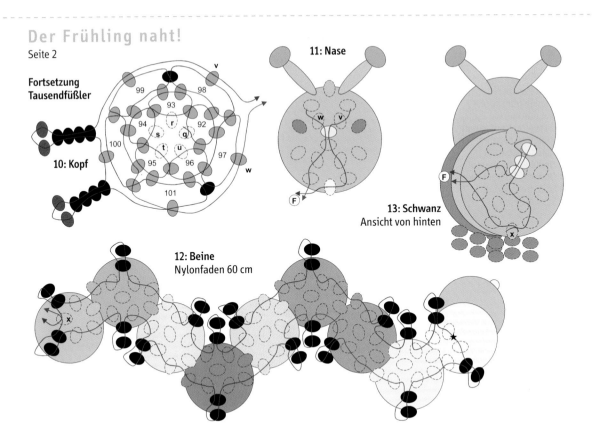

Süßes zum Osterfest
Seite 7

Ostereier
- ◯ Grün opak gelüstert
- ◯ Gelb opak gelüstert mit Farbeinzug
- ◯ Orange opak gelüstert
- ● Rot opak gelüstert

1: Gestreiftes Ei
Nylonfaden 60 cm

2: Ei mit Punkten
Nylonfaden 60 cm

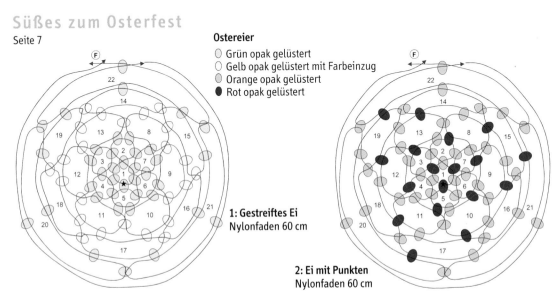

Süßes zum Osterfest
Seite 7

1: Kopf Nylonfaden 120 cm

Hase
- ○ Weiß satiniert
- ● Schwarz opak
- ○ Rosa opak gelüstert mit Farbeinzug

7: Ohren (2 x)
Nylonfaden 30 cm

3: Schwanz
Nylonfaden 30 cm
Ansicht von hinten

2: Körper

5: Bein rechts
Nylonfaden 40 cm

4: Arme (2 x)
Nylonfaden 40 cm

6: Bein links
Nylonfaden 40 cm

2: Körper

Küken im Ei
- ○ Gelb transparent
- ● Orange transparent
- ● Schwarz matt
- ○ Weiß satiniert

1: Kopf
Nylonfaden
70 cm

3: Ei (eine Hälfte)
2 x Nylonfaden 50 cm

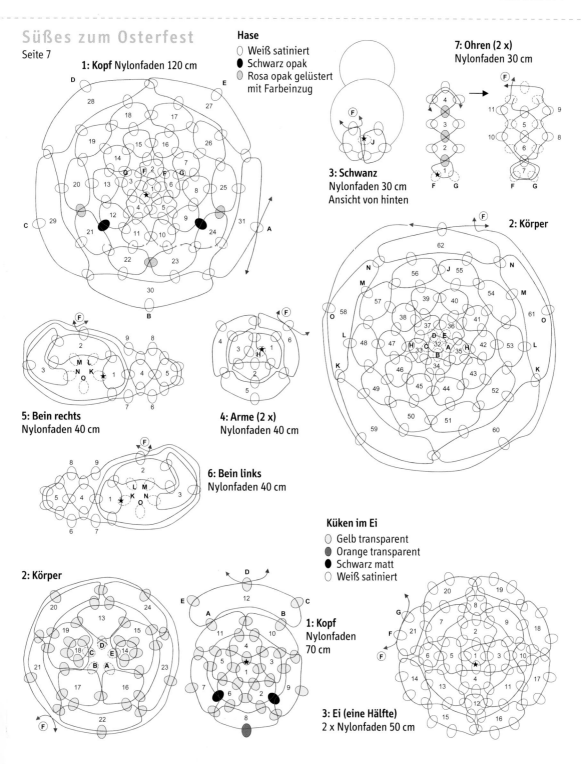

Großes Geschenk

○ Rosa mit Farbeinzug
● Pink mit Farbeinzug

1: Päckchen
Nylonfaden 140 cm

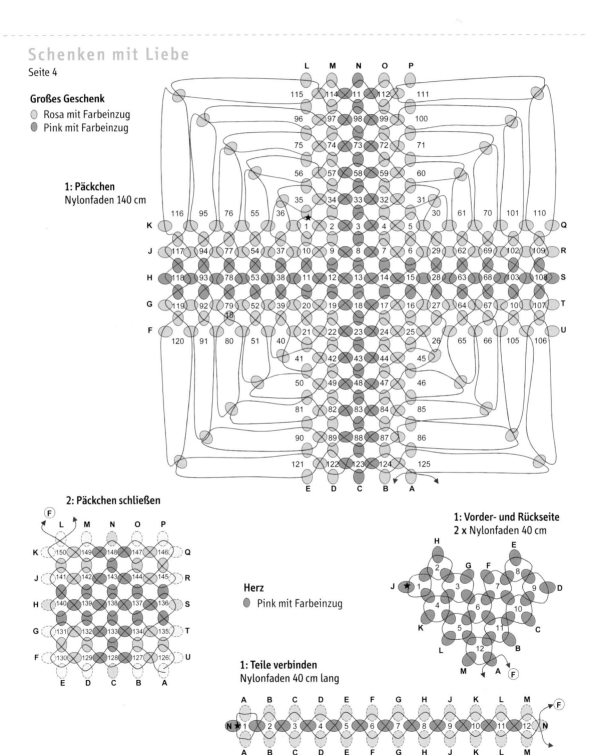

2: Päckchen schließen

Herz

● Pink mit Farbeinzug

1: Teile verbinden
Nylonfaden 40 cm lang

1: Vorder- und Rückseite
2 x Nylonfaden 40 cm

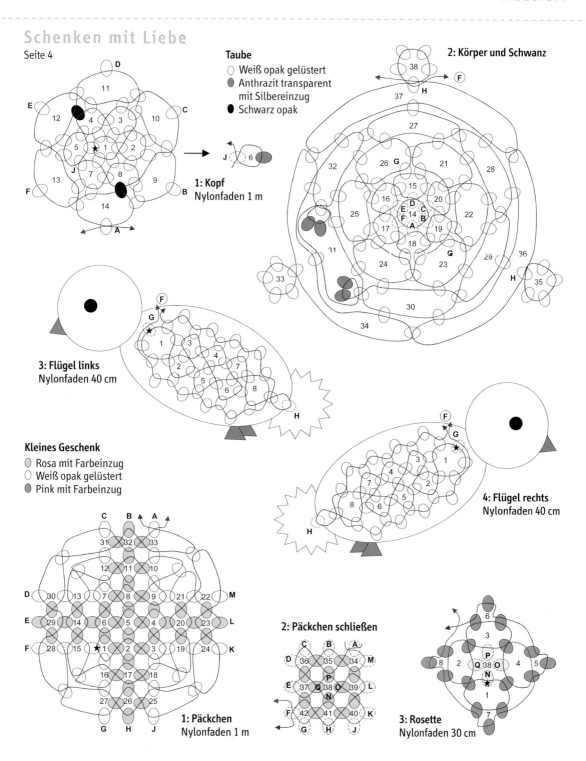

Schenken mit Liebe
Seite 4

Taube
○ Weiß opak gelüstert
● Anthrazit transparent mit Silbereinzug
● Schwarz opak

1: Kopf
Nylonfaden 1 m

2: Körper und Schwanz

3: Flügel links
Nylonfaden 40 cm

4: Flügel rechts
Nylonfaden 40 cm

Kleines Geschenk
○ Rosa mit Farbeinzug
○ Weiß opak gelüstert
● Pink mit Farbeinzug

1: Päckchen
Nylonfaden 1 m

2: Päckchen schließen

3: Rosette
Nylonfaden 30 cm

7

1: Kopf Nylonfaden 120 cm

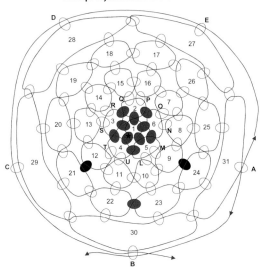

2: Körper

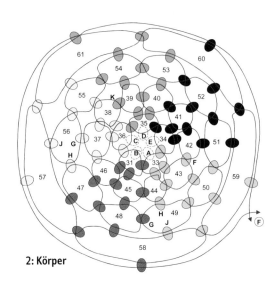

3: linker Arm
Nylonfaden 30 cm

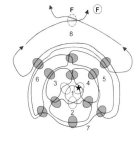

4: rechter Arm
Nylonfaden 30 cm

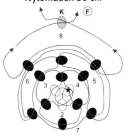

5: Beine
2 x Nylonfaden 30 cm

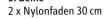

Harlekin

○ Weiß opak
● Schwarz matt
● Rot opak
● Orange opak
○ Gelb opak
● Grün opak
● Dunkelblau opak
○ Hellblau opak

1: Mittelteil
Nylonfaden 40 cm

2: Seitenteile
2 x Nylonfaden 40 cm

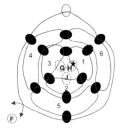

Großes Bonbon

○ Weiß opak
○ Gelb opak
● Rot opak

8

Harlekins in Feierlaune
Seite 10

Fortsetzung Harlekin

6: Hut
Nylonfaden 90 cm

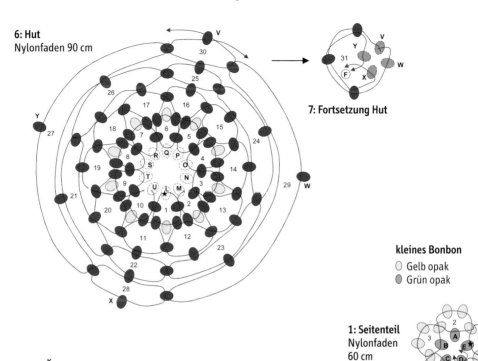

7: Fortsetzung Hut

kleines Bonbon
○ Gelb opak
● Grün opak

1: Seitenteil
Nylonfaden
60 cm

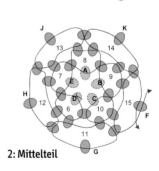

2: Mittelteil

Mittleres Bonbon
● Rot opak
○ Gelb opak

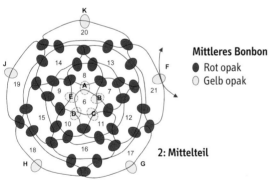

2: Mittelteil

1: Seitenteil
Nylonfaden 60 cm

3: Seitenteil

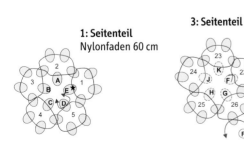

3: Seitenteil

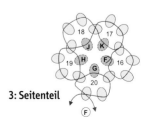

9

Coole Mini-Pinguine
Seite 16

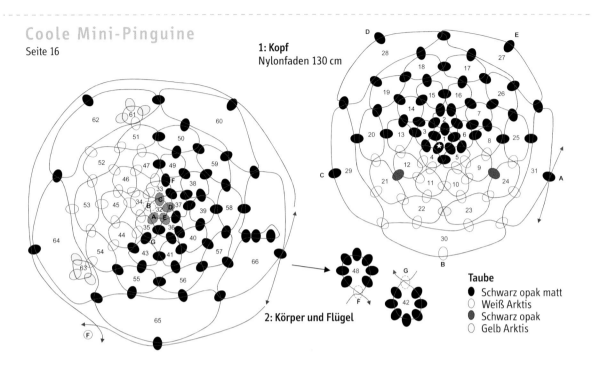

1: Kopf
Nylonfaden 130 cm

2: Körper und Flügel

Taube
- ● Schwarz opak matt
- ○ Weiß Arktis
- ● Schwarz opak
- ○ Gelb Arktis

Kleine Glücksbringer
Seite 12

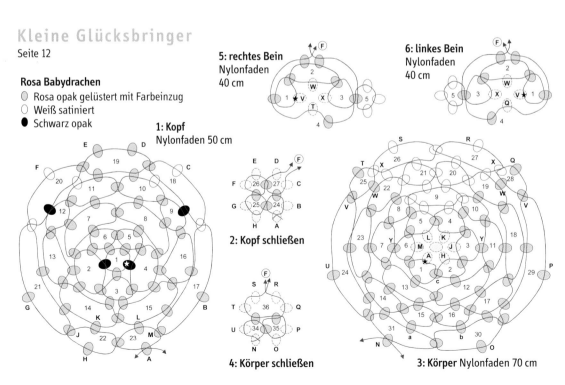

Rosa Babydrachen
- ○ Rosa opak gelüstert mit Farbeinzug
- ○ Weiß satiniert
- ● Schwarz opak

1: Kopf
Nylonfaden 50 cm

5: rechtes Bein
Nylonfaden 40 cm

6: linkes Bein
Nylonfaden 40 cm

2: Kopf schließen

4: Körper schließen

3: Körper Nylonfaden 70 cm

Kleine Glücksbringer
Seite 12

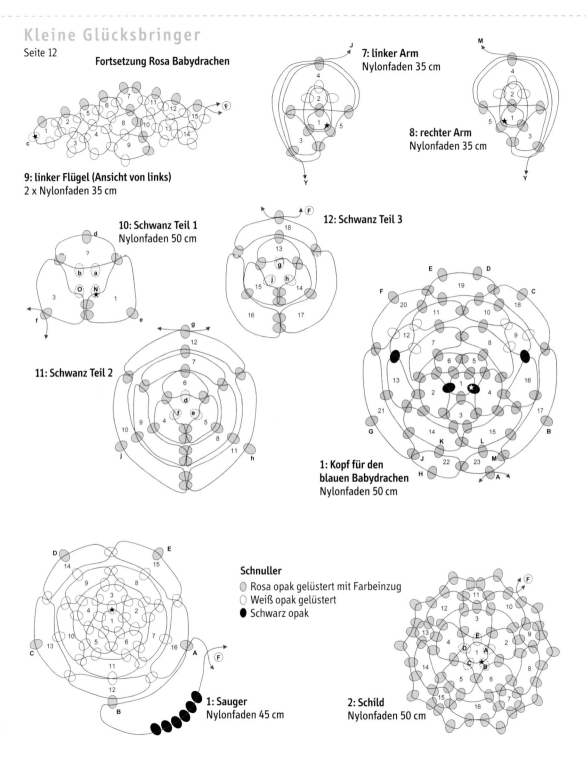

Fortsetzung Rosa Babydrachen

9: linker Flügel (Ansicht von links)
2 x Nylonfaden 35 cm

7: linker Arm
Nylonfaden 35 cm

8: rechter Arm
Nylonfaden 35 cm

10: Schwanz Teil 1
Nylonfaden 50 cm

12: Schwanz Teil 3

11: Schwanz Teil 2

1: Kopf für den blauen Babydrachen
Nylonfaden 50 cm

Schnuller
- Rosa opak gelüstert mit Farbeinzug
- Weiß opak gelüstert
- Schwarz opak

1: Sauger
Nylonfaden 45 cm

2: Schild
Nylonfaden 50 cm

11

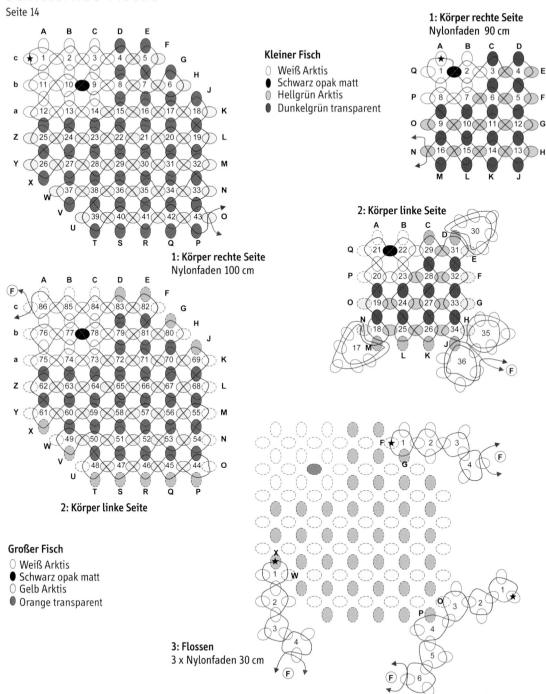

Kleiner Fisch
- ○ Weiß Arktis
- ● Schwarz opak matt
- ○ Hellgrün Arktis
- ● Dunkelgrün transparent

1: Körper rechte Seite
Nylonfaden 90 cm

2: Körper linke Seite

1: Körper rechte Seite
Nylonfaden 100 cm

2: Körper linke Seite

Großer Fisch
- ○ Weiß Arktis
- ● Schwarz opak matt
- ○ Gelb Arktis
- ● Orange transparent

3: Flossen
3 x Nylonfaden 30 cm

Schillernde Fische
Seite 14

Mittelgroßer Fisch

○ Weiß Arktis
● Schwarz opak matt
◐ Hellblau Arktis
◑ Dunkelblau transparent

1: Körper rechte Seite
Nylonfaden 100 cm

2: Körper linke Seite

3: Flossen
2 x Nylonfaden 20 cm

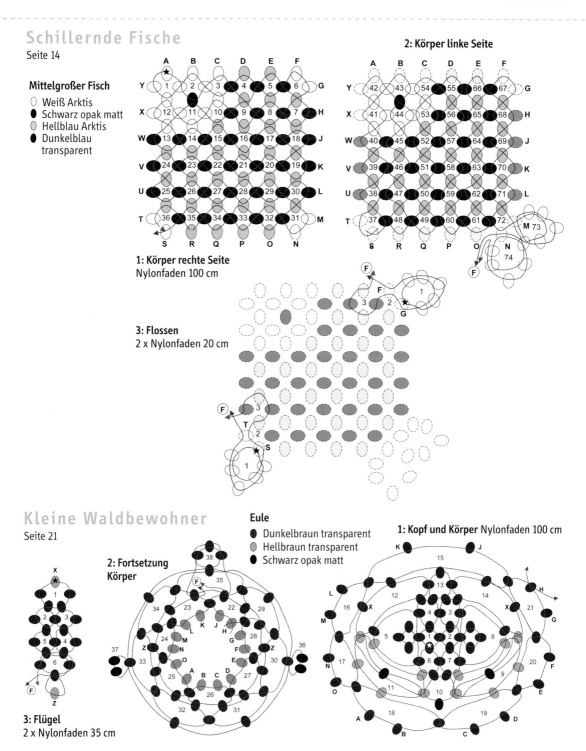

Kleine Waldbewohner
Seite 21

Eule

● Dunkelbraun transparent
◐ Hellbraun transparent
● Schwarz opak matt

2: Fortsetzung Körper

1: Kopf und Körper Nylonfaden 100 cm

3: Flügel
2 x Nylonfaden 35 cm

Kleine Waldbewohner
Seite 21

Eichhörnchen
- ⬤ Dunkelbraun transparent
- ⬤ Hellbraun transparent
- ⬤ Schwarz opak matt
- ○ Weiß Arktis

1: Kopf
Nylonfaden 130 cm

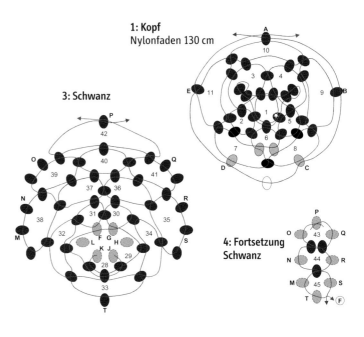

3: Schwanz

2: Körper

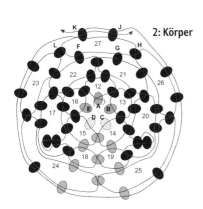

4: Fortsetzung Schwanz

Biber
- ⬤ Dunkelbraun transparent
- ○ Weiß Arktis
- ⬤ Schwarz opak matt

1: Kopf Nylonfaden 50 cm

2: Kopf schließen

4: Körper schließen

3: Körper
Nylonfaden 70 cm

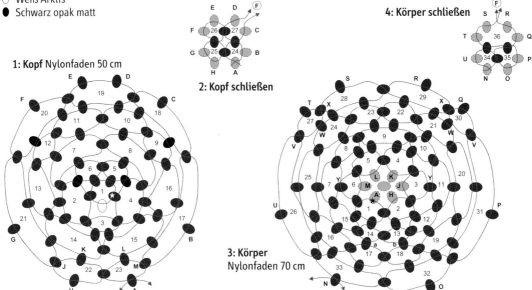

14

Kleine Waldbewohner
Seite 21

Fortsetzung Biber

5: rechtes Bein
Nylonfaden 40 cm

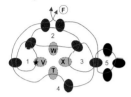

6: linkes Bein
Nylonfaden 40 cm

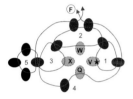

7: rechter Arm
Nylonfaden 40 cm

8: linker Arm
Nylonfaden 40 cm

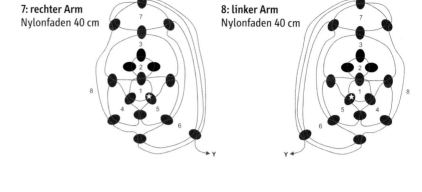

9: Schwanz
Nylonfaden 60 cm
Ansicht von hinten

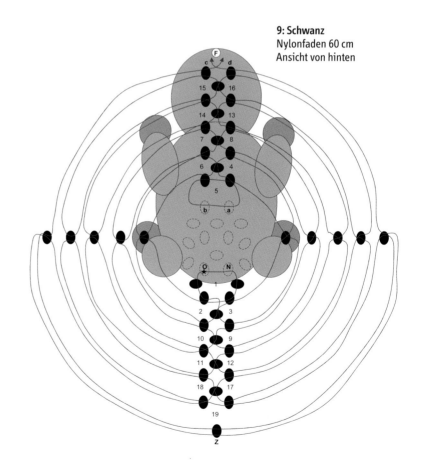

Koala und Löwe
Seite 18

Löwe
- Braun, Arktis, mit Silbereinzug
- Beige, Arktis, mit Silbereinzug
- Schwarz opak, 3,2 mm

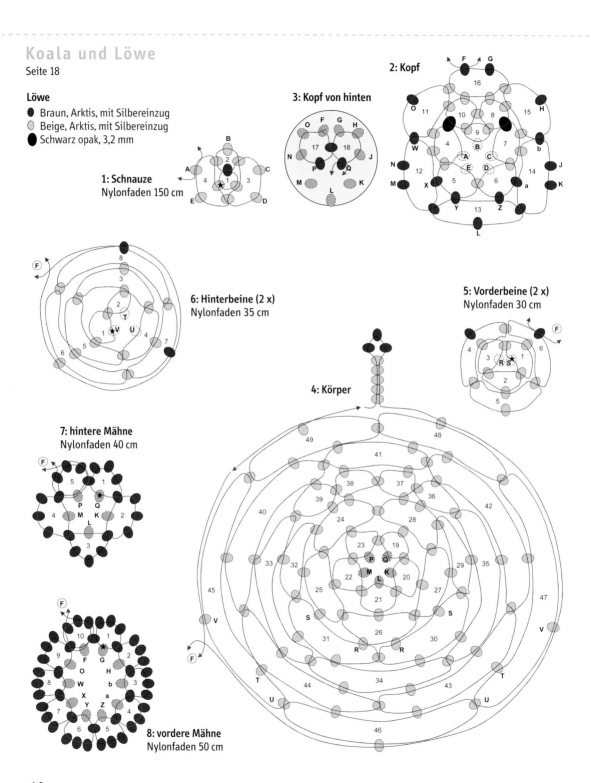

1: Schnauze
Nylonfaden 150 cm

3: Kopf von hinten

2: Kopf

6: Hinterbeine (2 x)
Nylonfaden 35 cm

5: Vorderbeine (2 x)
Nylonfaden 30 cm

7: hintere Mähne
Nylonfaden 40 cm

4: Körper

8: vordere Mähne
Nylonfaden 50 cm

16

Koala und Löwe
Seite 18

Koala
- Grau Arktis
- Weiß Arktis
- Schwarz opak matt
- Schwarz opak 3,2 mm

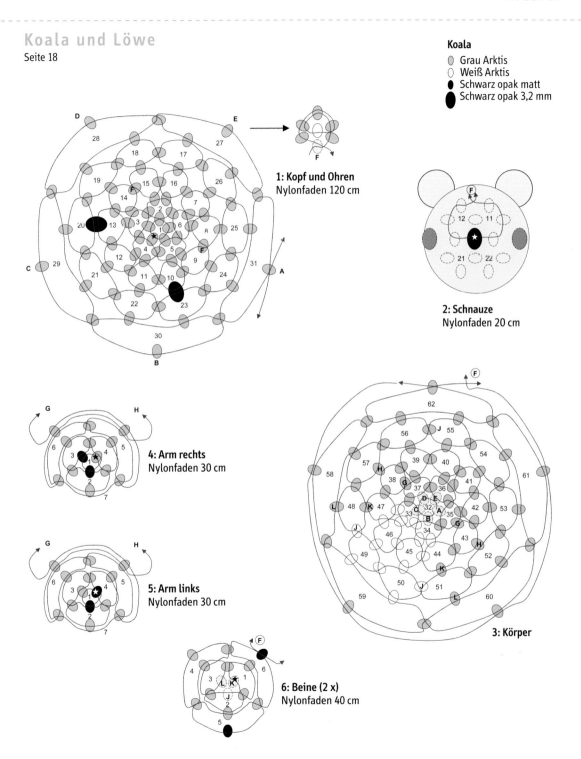

1: Kopf und Ohren
Nylonfaden 120 cm

2: Schnauze
Nylonfaden 20 cm

4: Arm rechts
Nylonfaden 30 cm

5: Arm links
Nylonfaden 30 cm

6: Beine (2 x)
Nylonfaden 40 cm

3: Körper

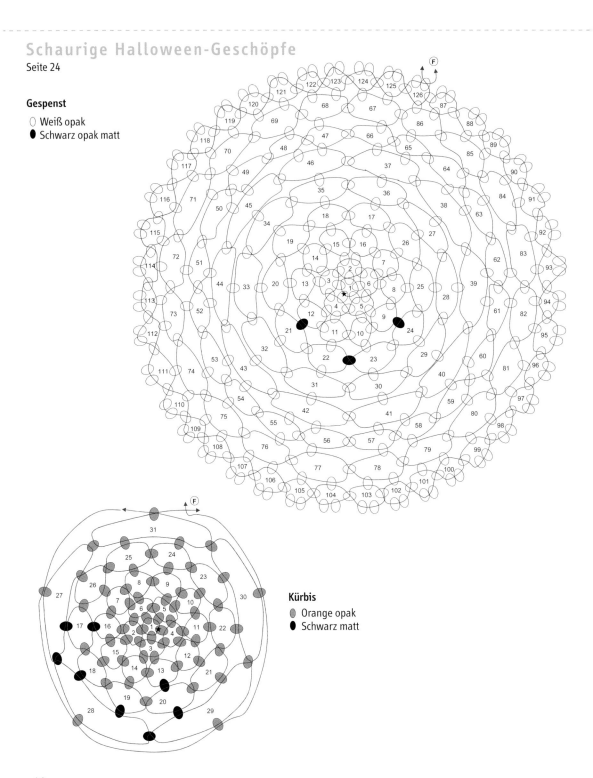

Schaurige Halloween-Geschöpfe
Seite 24

Gespenst

◯ Weiß opak
● Schwarz opak matt

Kürbis

◯ Orange opak
● Schwarz matt

18

Schaurige Halloween-Geschöpfe
Seite 24

Fledermaus

◯ Grau Arktis
● Schwarz opak matt

1: Kopf
Nylonfaden 120 cm

2: Flügel
2 x Nylonfaden 60 cm

Spinne

● Schwarz opak matt
◯ Grün opak

1: Kopf
Nylonfaden 90 cm

2: Körper

3: Beine rechts
Draht 40 cm

4: Beine links
Draht 40 cm

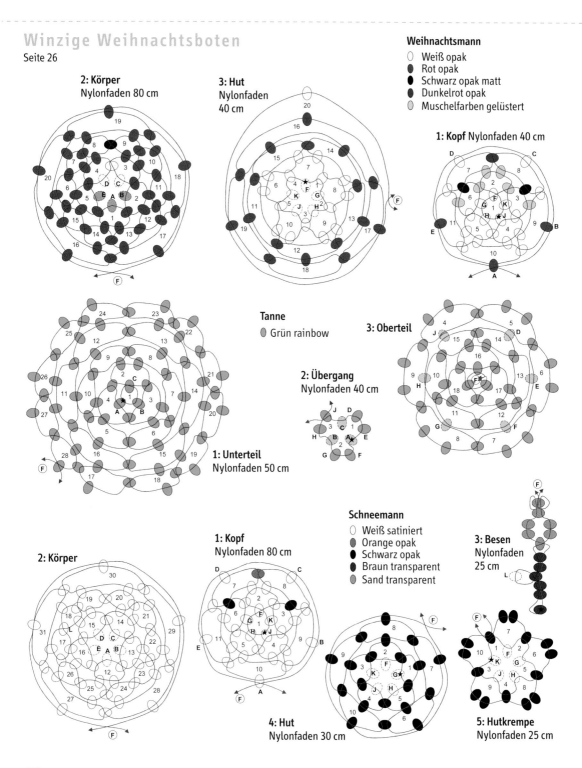

Weihnachtsmann
- Weiß opak
- Rot opak
- Schwarz opak matt
- Dunkelrot opak
- Muschelfarben gelüstert

2: Körper
Nylonfaden 80 cm

3: Hut
Nylonfaden 40 cm

1: Kopf Nylonfaden 40 cm

Tanne
- Grün rainbow

3: Oberteil

2: Übergang
Nylonfaden 40 cm

1: Unterteil
Nylonfaden 50 cm

Schneemann
- Weiß satiniert
- Orange opak
- Schwarz opak
- Braun transparent
- Sand transparent

2: Körper

1: Kopf
Nylonfaden 80 cm

3: Besen
Nylonfaden 25 cm

4: Hut
Nylonfaden 30 cm

5: Hutkrempe
Nylonfaden 25 cm

Frohes neues Jahr!
Seite 28

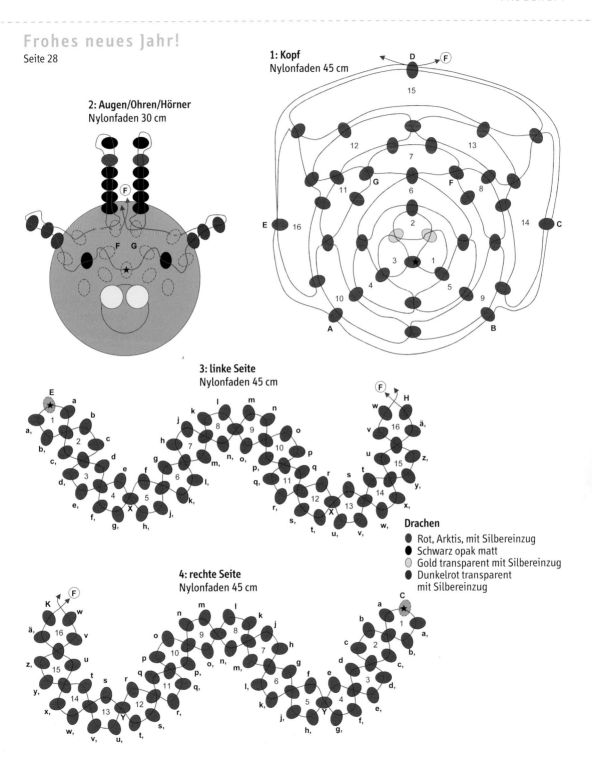

2: Augen/Ohren/Hörner
Nylonfaden 30 cm

1: Kopf
Nylonfaden 45 cm

3: linke Seite
Nylonfaden 45 cm

4: rechte Seite
Nylonfaden 45 cm

Drachen
- Rot, Arktis, mit Silbereinzug
- Schwarz opak matt
- Gold transparent mit Silbereinzug
- Dunkelrot transparent mit Silbereinzug

5: Körper Oberseite
Nylonfaden 40 cm

6: Körper Unterseite
Nylonfaden 45 cm

Fortsetzung Chinesischer Drachen

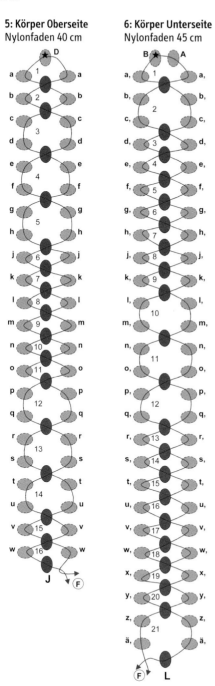

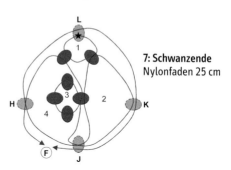

7: Schwanzende
Nylonfaden 25 cm

8: Vorderbein links
Nylonfaden 20 cm

9: Hinterbein links
Nylonfaden 20 cm

10: Vorderbein rechts
Nylonfaden 20 cm

11: Hinterbein rechts
Nylonfaden 20 cm

Frohes neues Jahr!

Seite 28

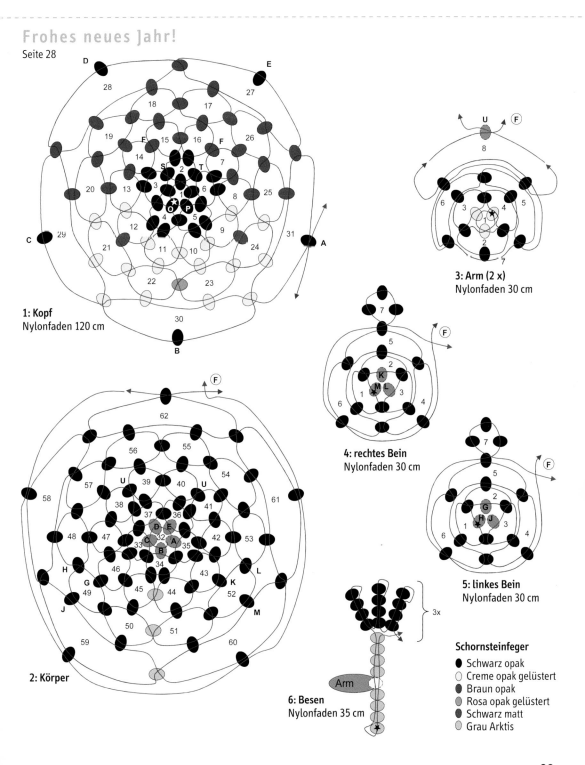

1: Kopf
Nylonfaden 120 cm

2: Körper

3: Arm (2 x)
Nylonfaden 30 cm

4: rechtes Bein
Nylonfaden 30 cm

5: linkes Bein
Nylonfaden 30 cm

6: Besen
Nylonfaden 35 cm

Arm

3x

Schornsteinfeger

● Schwarz opak
○ Creme opak gelüstert
● Braun opak
● Rosa opak gelüstert
● Schwarz matt
○ Grau Arktis

23

Fortsetzung Schornsteinfeger

7: Hut
Nylonfaden 40 cm

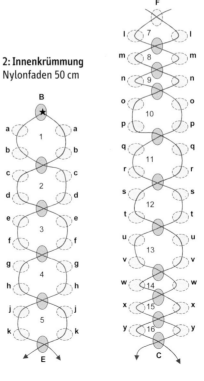

Hufeisen
Gold transparent mit Silbereinzug

1: Vorder- und Rückseite (2 x)
2 x Nylonfaden 40 cm

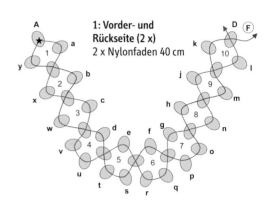

3: erster Umschlag
Ansicht von oben

4: Außenkrümmung

2: Innenkrümmung
Nylonfaden 50 cm

5: Abschluss
Ansicht von oben

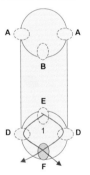

Größere Perlen für Augen und Nase verleihen dem Koala mehr Ausdruck.

Ärmchen und Beinchen werden je mit neuen Fäden gefertigt. Die großen Ohren dagegen entstehen zusammen mit dem Kopf.

Koala und Löwe

ein sonniger Tag im Zoo

MOTIVHÖHE
Koala ca. 2,5 cm

MATERIAL
KOALA
* Rocailles, Arktis, in Grau und Weiß, ø 2,6 mm
* Rocailles in Schwarz opak matt, ø 2,6 mm
* Rocailles in Schwarz opak, ø 3,2 mm
* Nylonfaden, 120 cm, 20 cm, 2 x 40 cm und 2 x 30 cm lang

FÄDELSKIZZEN
Skizzenheft Seite 17

Koala

1 Den Kopf des Koalas anhand der Skizze 1 fädeln. Bringen Sie dabei an die zwei Perlen F nach Schritt (8) und (14) jeweils ein Ohr an.

2 Für die Schnauze eine schwarze Rocaille, ø 3,2 mm, mittig auf einen neuen Faden auffädeln und mit beiden Faden-Enden durch die in der Skizze gekennzeichneten Perlen des Kopfes fahren. Fäden verknoten.

3 Mit den Fäden des Kopfes nun auch den Körper anhand von Skizze 3 fertigen.

4 Mit einem neuen Faden den rechten Arm fädeln. Führen Sie die Fäden anschließend von vorne durch die Perlen G und H der rechten Körperseite, bringen Sie sie zusammen und verknoten Sie sie.

5 Den linken Arm entsprechend arbeiten und an den Perlen G und H der linken Körperseite anbringen.

6 Führen Sie für jedes Bein einen neuen Faden durch die Perle K einer Körperseite und fertigen Sie die Beine anhand von Skizze 6. Zum Schluss die Fäden verknoten.

Weiter geht es auf Seite 20.

MOTIVHÖHE
Löwe ca. 4,5 cm lang

MATERIAL
LÖWE

* Rocailles, Arktis, in Braun und Beige mit Silbereinzug, ø 2,6 mm
* Rocailles in Schwarz opak, ø 3,2 mm
* Nylonfaden, 150 cm, 50 cm, 40 cm, 2 x 30 cm und 2 x 35 cm lang

FÄDELSKIZZEN
Skizzenheft Seite 16

Löwe

1–2 Zunächst werden Schnauze und Kopf anhand der Skizzen 1 und 2 gefertigt. Achten Sie bei der ersten Runde des Kopfes darauf, dass der Kreis (8) eigenständig gearbeitet und erst über Kreis (9) an die vorherige Runde angefügt wird.

3 Für den Übergang vom Kopf zum Hals den Kopf wenden und hinten die Kreise (17) und (18) anfügen.

4 Jetzt kann mit dem Körper begonnen werden. Folgen Sie hierzu Schritt für Schritt der Fädelskizze 4. Den Schwanz nach Beendigung von Kreis (49) mit einem Fadenende anbringen und die Fäden zum Verknoten zusammenführen.

5 Die Vorderbeine werden mit neuen Fäden an den Perlen R und S fixiert.

6 Für die Hinterbeine werden zunächst zwei kleine Kreise (1) und (2) an die Perlen V und T des Körpers angebracht. In den Schritten (3) bis (8) wird nun das eigentliche Bein gefädelt.

7 Die Mähne besteht aus zwei Teilen. Der hintere Teil wird mit einem neuen Faden an die Perlen P, Q, K, L und M des Kopfes angebracht. Den vorderen Teil der Mähne bringen Sie an den Perlen F, G, H, b, a, Z, Y, X, W und O an. Fertig ist Ihr kleiner König der Zootiere!

Die Eulenflügel werden separat gefertigt und dann am Körper angebracht.

Das Eichhörnchen kann man mit matten oder transparenten Perlen fertigen.

Die Ohren des Hörnchens sind kleine Perlenstäbe.

Kleine Waldbewohner

Im Herbst, da ist was los!

MOTIVHÖHE
Eule ca. 3 cm
Eichhörnchen ca. 2,5 cm

MATERIAL
EICHHÖRNCHEN
* Rocailles in Dunkelbraun, Hellbraun transparent, ø 2,6 mm
* Rocailles in Schwarz opak matt, ø 2,6 mm
* Rocaille, Arktis, in Weiß, ø 2,6 mm
* Nylonfaden, 130 cm lang

EULE
* Rocailles in Dunkelbraun und Hellbraun transparent, ø 2,6 mm
* Rocailles in Schwarz opak matt, ø 2,6 mm
* Nylonfaden, 100 cm und 2 x 35 cm lang

FÄDELSKIZZEN
Skizzenheft Seite 13+14

Eichhörnchen

1 Beginnen Sie mit Kreis (1). Daran anschließend mit einem Fadenende einen Perlenstab aus zwei Perlen aufziehen und den Faden durch die beiden anliegenden Perlen des Kreises (1) führen. Einen zweiten Perlenstab mit zwei Perlen fertigen und den Faden wieder zur Ausgangsperle zurückführen. Die restlichen Kreise (2) bis (11) nach Skizze anfügen und dann die Fäden zu Perle A führen. Dabei zwischen Perle C und D die weiße Zahn-Perle einfügen.

2 Den Körper bringen Sie an die Perlen A bis E an. Nach Schritt (16) und (19) wird jeweils zuerst mit einem Faden ein Arm als Perlenstab angebracht. Erst dann den nachfolgenden Kreis fädeln. Der Skizze bis zum Schluss folgen.

3 An den Perlen K und J beginnend, fügen Sie den Schwanz an. Dieser ist zunächst nach hinten hin offen. Schließen Sie den Schwanz, indem Sie, Skizze 4 folgend, zwischen die Perlen M bis S jeweils neue Perlen einfügen. Zum Schluss die Fäden verknoten.

Eule

1 Beginnen Sie mit den Schritten (1) bis (2) für den Kopf. Nach Schritt (4) und (7) jeweils mit einem Faden ein Ohr anfertigen. Ein Auge wird nach Schritt (9), das andere nach Schritt (11) eingefügt. Anschließend der Skizze weiter bis Schritt (21) folgen.

2 Nun den Körper, angebracht an die Perlen A bis O, fädeln. Nach Fertigstellung noch einmal mit den Fäden durch die äußeren Perlen fahren und dabei die Füße in Schritt (36) und (37) anfügen. Zum Schluss den Schwanz fädeln und mit den Fäden durch die Perlen des Kreises (35) fahren. Verknoten.

3 Für die Flügel folgen Sie Skizze 3, die zwei Mal gearbeitet wird. Jeder Flügel wird mit einem neuen Faden an die Perle X am Hals angebracht. Nach Schritt (6) mit einem Faden durch die Perle Z des Körpers fahren und den Faden wieder zurück durch die unterste Flügelperle führen. Fäden verknoten und fertig!

Weiter geht es auf Seite 22.

MOTIVHÖHE
Biber ca. 3 cm

MATERIAL
BIBER

* Rocailles in Dunkelbraun transparent, ø 2,6 mm

* Rocaille, Arktis, in Weiß, ø 2,6 mm

* Rocailles in Schwarz opak matt, ø 2,6 mm

* Nylonfaden, 70 cm, 60 cm, 50 cm und
  4 x 40 cm lang

FÄDELSKIZZEN
Skizzenheft Seite 14+15

Biber

1 Den Kopf fädeln Sie nach den Schritten (1) bis (23). Beachten Sie bei Schritt (3) bitte, dass der Faden nicht durch die weiße Zahnperle geführt, sondern der Kreis freistehend aufgezogen wird.

2 Verschließen Sie die Lücke am Kopf, wie es Skizze 2 zeigt. Die Fäden verknoten.

3 Der Körper wird an die Perlen A und H bis M des Kopfes angebracht.

4 Die Lücke des Körpers anhand der Schritte (34) bis (36) in Skizze 4 verschließen und die Fäden verknoten.

5 Fügen Sie auf der rechten Seite an die Perlen T, V, W und X das rechte Hinterbein an. Halten Sie sich dabei unbedingt genau an die Skizze!

6 Das linke Bein wird spiegelverkehrt zum rechten gefertigt und an die Perlen Q, V, W, X der linken Körperseite angebracht.

7 Für den rechten Arm mit einem neuen Faden beginnen und der Skizze folgen. Nach Schritt (7) den rot gezeichneten Faden noch einmal durch die anliegenden Perlen führen. Beide Fäden schauen am Ende aus den beiden äußeren Perlen heraus. Führen Sie diese nun von vorne durch die Perlen M und Y der rechten Körperseite, bringen Sie die Fäden zusammen und verknoten Sie sie.

8 Der linke Arm wird spiegelverkehrt zum rechten gearbeitet und an den Perlen J und Y angefügt.

9 Jetzt fehlt dem Biber noch sein charakteristischer Schwanz. Fertigen Sie diesen mit einem neuen Faden, beginnend bei den Perlen O und N des Körpers. Nach Schritt (4) mit dem blau gezeichneten Faden zunächst eine neue Perle aufziehen, durch die Körperperlen a und b fahren und wieder zurück durch die Schwanzperlen. Ab Schritt (6) der Skizze weiter folgen bis Schritt (18). Den Kreis aus Schritt (19) so aufziehen, dass die Fäden aus Perle Z herausschauen. Führen Sie die Fäden dann durch die anliegenden Perlen auf die andere Seite, sodass sie sich in der Mitte von Perle c und d treffen. Verknoten und fertig ist der niedliche Nager!

Schaurige Halloween-Geschöpfe

zum Gruseln schön

MOTIVHÖHE
Gespenst ca. 3 cm
Fledermaus ca. 5 cm breit
Kürbis ca. 1,5 cm
Spinne ø ca. 4,5 cm

MATERIAL
GESPENST
* Rocailles in Weiß opak,
  ø 2,6 mm
* Rocailles in Schwarz opak matt,
  ø 2,6 mm
* Nylonfaden, 120 cm lang

FLEDERMAUS
* Rocailles, Arktis, in Grau mit
  Farbeinzug, ø 2,6 mm
* Rocailles in Schwarz opak matt,
  ø 2,6 mm
* Nylonfaden, 120 cm und
  2 x 60 cm lang

KÜRBIS
* Rocailles in Orange opak,
  ø 2,6 mm
* Rocailles in Schwarz opak matt,
  ø 2,6 mm
* Nylonfaden, 60 cm lang

SPINNE
* Rocailles in Schwarz opak matt,
  ø 2,6 mm
* Rocailles in Grün opak, ø 2,6 mm
* Nylonfaden, 90 cm lang
* Messingdraht, 2 x 40 cm lang

FÄDELSKIZZEN
Skizzenheft Seite 18+19

Gespenst

Das Gespenst wird mit einem Faden in einem Stück gearbeitet. Folgen Sie der Skizze von Schritt (1) bis (126). Die letzten beiden Runden erfordern einiges an Geduld, da sich die Krempe bereits während der Arbeit kräuselt. Lassen Sie sich keine Angst einjagen und halten Sie durch!

Fledermaus

1 Fertigen Sie den Körper als große Kugel nach den Schritten (1) bis (31). Die Fäden dann nochmals durch alle äußeren Perlen führen und verknoten.

2 Die Flügel werden jeweils an die übereinanderliegenden Perlen F und G des Körpers angebracht. Folgen Sie den Schritten (1) bis (16), führen Sie die Fäden zusammen und verknoten Sie sie. Wenn Sie für die Anfertigung des rechten Flügels den Körper von hinten und für die des linken Flügels von vorne betrachten, können Sie die Skizze für beide Flügel benutzen, ohne sie zu spiegeln.

Kürbis

Der Kürbis ist schnell gemacht: Er besteht aus einer einfachen Kugel, die Sie nach den Schritten (1) bis (31) fertigen. Nach dem letzten Schritt die Fäden noch einmal durch alle äußeren Perlen führen und verknoten.

Spinne

1 Fädeln Sie anhand der Skizze eine Kugel für den Kopf. Die Fäden schauen zum Schluss aus Perle A heraus.

2 An diese Perle A wird Kreis (13) angebracht. Es folgt Kreis (14) an Perle B. Nun fädeln Sie die Kreise (15) bis (17), wobei Kreis (17) an Perle E des Kopfes anschließt. Die folgenden Kreise werden nun um diese Fläche herum angebracht und zu einer Kugel geschlossen. Die Fäden verknoten.

3 Die Beine auf der rechten Seite werden als Perlenstäbe aus je zwölf Perlen mit Draht an die Kreise (23) bis (25) angebracht. Die Drahtenden nach dem Auffädeln sorgfältig zu kleinen, geschlossenen Ösen biegen.

4 Die Beine auf der linken Seite werden anschließend an die Kreise (18) bis (20) analog zu den rechten gefertigt. Bringen Sie die Beine noch etwas in Form.

Winzige Weihnachtsboten

drauß' vom Walde kommt er her!

MOTIVHÖHE
Schneemann ca. 3,5 cm
Weihnachtsmann ca. 3,5 cm
Tanne ca. 3 cm

**MATERIAL
SCHNEEMANN**

* Rocailles in Weiß satiniert,
  ø 2,6 mm

* Rocailles in Orange und
  Schwarz opak, ø 2,6 mm

* Rocailles in Braun und
  Sand transparent,
  ø 2,6 mm

* Nylonfaden, 80 cm, 30 cm
  und 2 x 25 cm lang

WEIHNACHTSMANN

* Rocailles in Weiß, Rot und
  Dunkelrot opak, ø 2,6 mm

* Rocailles in Schwarz opak
  matt, ø 2,6 mm

* Rocailles in Muschelfarben
  gelüstert, ø 2,6 mm

* Nylonfaden, 80 cm und
  2 x 40 cm lang

TANNE

* Rocailles, Rainbow, in
  Grün, ø 2,6 mm

* Nylonfaden, 50 cm und
  40 cm lang

FÄDELSKIZZEN
Skizzenheft Seite 20

Schneemann

1 Fertigen Sie für den Kopf eine Kugel anhand von Skizze 1.

2 Für den Körper die Schritte (12) bis (31) ausführen und die Fäden verknoten.

3 Der Besen wird mit einem neuen Faden gefertigt und an der Perle L des Körpers angebracht.

4 Ziehen Sie einen neuen Faden durch die Perle G des Kopfes und fügen Sie den Hut an die Perlen G bis K an. Fäden verknoten.

5 Für die Hutkrempe werden in Schritt (1) bis (5) zunächst einzelne Perlen an dieselben Perlen des Kopfes angebracht, an denen auch der Hut fixiert wurde. Fügen Sie nun mit beiden Fadenenden jeweils neue Perlen in den Schritten (6) bis (10) ein. Die Fäden zum Schluss verknoten.

Hinweis: Die Anleitung für den Schneemann finden Sie auch ganz detailliert auf den vorderen und hinteren Umschlagklappen.

Weihnachtsmann

1 Der Kopf wird anhand der Skizze als Kugel gefädelt.

2 Bringen Sie den Körper direkt an die Perlen A bis E des Kopfes an. Die Fäden verknoten.

3 Für den Hut werden in Schritt (1) bis (5) zunächst einzelne Perlen an die Perlen F bis K des Kopfes angebracht. Fügen Sie nun mit beiden Fadenenden jeweils neue Perlen in den Schritten (6) bis (10) ein. Folgen Sie der Skizze bis zum Schluss und verknoten Sie die Fäden.

Tanne

1 Fertigen Sie das Unterteil anhand der Skizze. Die Fäden zusammenführen und verknoten.

2 Mit einem neuen Faden werden die Perlen D bis J zwischen den Perlen A bis C eingefügt.

3 An diese neu eingefügten Perlen wird nun in den Schritten (4) bis (9) eine Krempe angebracht. Die Fäden schauen jetzt aus Perle H heraus! In den Schritten (10) bis (18) wird die Spitze der Tanne gefertigt. Führen Sie zum Abschluss die Fäden noch einmal durch die drei obersten Perlen und verknoten Sie sie.

Frohes neues Jahr!

Chinesischer Drache, Schornsteinfeger und Hufeisen

MOTIVHÖHE
Chinesischer Drache ca. 3,3 cm

MATERIAL
CHINESISCHER DRACHE

* Rocailles, Arktis, in Rot mit Silbereinzug, ø 2,6 mm
* Rocailles in Dunkelrot transparent mit Silbereinzug, ø 2,6 mm
* Rocailles in Gold transparent mit Silbereinzug, ø 2,6 mm
* Rocailles in Schwarz opak matt, ø 2,6 mm
* Nylonfaden, 40 cm, 30 cm, 25 cm, 4 x 45 cm und 4 x 20 cm lang

FÄDELSKIZZEN
Skizzenheft Seite 21+22

Chinesischer Drache

1 Für den Drachen, der in China ein berühmtes Symbol für das Neujahrsfest ist, fertigen Sie zunächst den Kopf anhand von Skizze 1 an. Die Fäden verknoten.

2 Mit einem neuen Faden werden die Augen, Ohren und Hörner eingefügt, wie in Skizze 2 gezeigt.

3 Fädeln Sie einen neuen Faden durch die Perle E des Kopfes und fügen Sie die Kreise (1) bis (16) aneinander. Fäden verknoten.

4 Die rechte Seite wird an die Perle C des Kopfes angebracht und spiegelverkehrt zur linken gearbeitet.

5 Verbinden Sie die beiden Körperhälften oben miteinander, indem Sie einen neuen Faden durch die Perle D des Kopfes und die Perlen a der Seitenteile führen. Nun wird jeweils entsprechend der Skizze immer eine neue Perle zwischen den Seitenteilen angebracht und danach mit den Fäden wieder durch die gegenüberliegenden Perlen der Seitenteile gefahren. Nach Schritt (16) die Fäden verknoten.

6 Die Unterseite des Drachen wird auf dieselbe Weise geschlossen wie die Oberseite. Nach Schritt (21) die Fäden verknoten.

7 Ziehen Sie einen neuen Faden durch die Perle L am Ende des Körpers. Fertigen Sie das Schwanzende anhand der Skizze und verknoten Sie nach dem letzten Schritt die Fäden.

8 Das linke Vorderbein wird an die Perlen X und g der linken Körperhälfte angebracht.

9 Das linke Hinterbein fügen Sie an die Perlen X und t der rechten Körperseite an.

10 An die Perlen Y und g der rechten Körperseite das Vorderbein anbringen.

11 Und zuletzt fügen Sie noch das rechte Hinterbein an die Perlen Y und t an.

Weiter geht es auf Seite 30.

MOTIVHÖHE
Schornsteinfeger
ca. 3,2 cm

MATERIAL
SCHORNSTEIN-
FEGER
* Rocailles in Schwarz
  und Braun opak,
  ø 2,6 mm
* Rocailles in Creme
  und Rosa opak
  gelüstert, ø 2,6 mm
* Rocailles in Schwarz
  opak matt, ø 2,6 mm
* Rocailles, Arktis, in
  Grau, ø 2,6 mm
* Nylonfaden, 120 cm,
  40 cm, 35 cm und
  4 x 30 cm lang

FÄDELSKIZZEN
Skizzenheft Seite 23+24

Schornsteinfeger

1 Für den Kopf fädeln Sie eine Kugel nach den Schritten (1) bis (31).

2 An die Perlen A bis E wird eine weitere Kugel als Körper angebracht. Die Fäden zum Schluss verknoten.

3 Die Arme fädeln Sie je mit einem neuen Faden und bringen Sie so an den Perlen U des Körpers an, dass sie nach vorne zeigen.

4 An die Perlen M, K und L wird das rechte Bein gefädelt.

5 Das linke Bein wird spiegelverkehrt zum rechten an die Perlen H, G und J angebracht.

6 Für den Besen ziehen Sie einen Perlenstab aus vier grauen Perlen auf einen neuen Faden und fahren damit von unten durch die äußerste Perle eines Arms. Weitere vier graue Perlen aufziehen. Dann insgesamt neun Perlenstäbe aus je vier schwarzen Perlen aneinanderfügen, sodass sie struppig in alle Richtungen abstehen. Die Fäden straff verknoten und abschneiden.

7 Fertigen Sie den Hut anhand der Skizze. Nach Schritt (21) noch einmal mit den Fäden durch die äußeren Perlen fahren und dabei einzelne Perlen einfügen, wie auf Skizze 7 gezeigt. Die Fäden zum Schluss verknoten.

8 Um den Hut aufzusetzen, nehmen Sie einen neuen Faden und ziehen Sie ihn durch die Perle N des Hutes. Jetzt mit beiden Fadenenden durch die Perlen O und P des Kopfes fahren. Nun ziehen Sie die Fäden durch die Perlen Q und R des Hutes und schieben sie dann durch die Perlen S und T des Kopfes nach unten. Die Fäden verknoten und abschneiden.

Der schwarze Hut wird separat gefertigt und erst zum Schluss aufgesetzt.

Der Besen besteht aus vielen Perlenstäben.

MOTIVHÖHE
Hufeisen ca. 2 cm

MATERIAL
HUFEISEN
* Rocailles in Gold transparent mit Silbereinzug, ø 2,6 mm
* Nylonfaden, 50 cm und 2 x 40 cm lang

FÄDELSKIZZEN
Skizzenheft Seite 24

Hufeisen

1 Fertigen Sie je eine Vorder- und Rückseite anhand der Skizze. Die Fäden werden zum Schluss jeweils verknotet. Die beiden Flächen deckungsgleich übereinanderlegen.

2 Ziehen Sie eine Perle mittig auf einen neuen Faden auf und führen die Fadenenden durch die Perlen a und b der Vorder- und Rückseite. Die Fäden durch eine neue Perle kreuzen. Auf diese Weise werden die beiden Flächen vernäht, bis die Fäden aus Perle E herausschauen.

3 Führen Sie die Fadenenden durch die Perlen D und kreuzen Sie sie durch eine neue Perle F.

4 Nun anhand der Skizze nach demselben Prinzip auch die Außenkrümmung fertigen.

5 Zum Schluss die Fäden noch einmal durch die Perlen A führen und durch die Perle B kreuzen. Bringen Sie die Fäden zusammen und verknoten Sie sie. Viel Glück im neuen Jahr!

Mein Tipp für Sie

Glück verschenken Hufeisen gelten traditionell als Glückssymbole. Das kleine Hufeisen hier ist schnell gemacht und passt in jedes Portemonaie und jede Handtasche – fertigen Sie doch gleich mehrere und verschenken Sie sie an Silvester als Glücksbringer an Freunde und Bekannte. Natürlich können Sie das Hufeisen auch in Silber anfertigen oder die Lieblingsfarbe des oder der Beschenkten auswählen.

Christiane Brüning wurde 1987 in Thüringen geboren und studiert zurzeit Medizin in Jena. In der Grundschule kam sie das erste Mal mit Perlentieren in Berührung. Seitdem zog es sie immer wieder zu diesem Hobby zurück. Als sie 2008 die japanische Fädeltechnik kennenlernte, wollte sie unbedingt solche niedlichen Winzlinge gestalten, wie sie hier die Seiten bevölkern. Aber leider – in Deutschland gab es damals keine Anleitungen dafür. Also hat sie sich nach und nach selbst welche ausgedacht und beim frechverlag in ihrem ersten Buch „Japanische Mini-Perlentiere" herausgebracht. Besuchen Sie Christiane Brüning auch auf www.perlentiere.com und erfahren Sie mehr über die Welt der Perlentiere!

DANKE!

Vielen Dank an Robert und Karoline für einfach alles. Ein großes Dankeschön gebührt Katinka fürs Korrekturbasteln und -lesen sowie „Kruscheltiers Creativinsel" für Materialunterstützung. Und ich danke dem frechverlag dafür, dass er mir dieses zweite Buch mit so viel Unterstützung ermöglicht hat!

TOPP – Unsere Servicegarantie

WIR SIND FÜR SIE DA! Bei Fragen zu unserem umfangreichen Programm oder Anregungen freuen wir uns über Ihren Anruf oder Ihre Post. Loben Sie uns, aber scheuen Sie sich auch nicht, Ihre Kritik mitzuteilen – sie hilft uns, ständig besser zu werden.

Bei Fragen zu einzelnen Materialien oder Techniken wenden Sie sich bitte an unseren Kreativservice, Frau Erika Noll.
mail@kreativ-service.info
Telefon 0 50 52 / 91 18 58

Das Produktmanagement erreichen Sie unter:
pm@frechverlag.de
oder:
frechverlag
Produktmanagement
Turbinenstraße 7
70499 Stuttgart
Telefon 07 11 / 8 30 86 68

LERNEN SIE UNS BESSER KENNEN! Fragen Sie Ihren Hobbyfach- oder Buchhändler nach unserem kostenlosen Kreativmagazin **Meine kreative Welt.** Darin entdecken Sie vierteljährlich die neuesten Kreativtrends und interessantesten Buchneuheiten.

Oder besuchen Sie uns im Internet! Unter **www.topp-kreativ.de** können Sie sich über unser umfangreiches Buchprogramm informieren, unsere Autoren kennenlernen sowie aktuelle Highlights und neue Kreativtechniken entdecken, kurz – die ganze Welt der Kreativität.

Kreativ immer up to date sind Sie mit unserem monatlichen **Newsletter** mit den aktuellsten News aus dem frechverlag, Gratis-Bastelanleitungen und attraktiven Gewinnspielen.

IMPRESSUM

FOTOS: frechverlag GmbH, 70499 Stuttgart; Juliane Feix (alle Schrittfotos und Porträts), lichtpunkt, Michael Ruder, Stuttgart (Cover und alle Modellfotos)
FÄDELSKIZZEN: Christiane Brüning
PRODUKTMANAGEMENT UND LEKTORAT: Claudia Mack, Beeke Heller
GESTALTUNG: Atelier Schwab, Handewitt
DRUCK: Sachsendruck Plauen GmbH, Plauen   PRINTED IN GERMANY

Auflage:	5.	4.	3.	2.	1.	
Jahr:	2017	2016	2015	2014	2013	[Letzte Zahlen maßgebend]

© 2013 **frechverlag** GmbH, 70499 Stuttgart

ISBN 978-3-7724-4037-3 • Best.-Nr. 4037